Impressum
Verlag: BABADADA GmbH, Nedderfeld 112 , 22529 Hamburg
Geschäftsführer / Verlagsleitung: Harald Hof
Druck: Books on Demand GmbH, In de Tarpen 42, 22848 Norderstedt

Imprint
Publisher: BABADADA GmbH, Nedderfeld 112 , 22529 Hamburg, Germany
Managing Director / Publishing direction: Harald Hof
Print: Books on Demand GmbH, In de Tarpen 42, 22848 Norderstedt, Germany

ښوونځی

school

klaslokaal
تقسیم
delen
186/2
بورډ
bord
د ښوونځي حویلی
schoolplein
ښوونکی
leraar
ورق
papier
لیکل
schrijven
قلم
pen
ډیسک
bureau
خط کش
lineaal
کتاب
boek
زده کونکی
leerling

کڅوړه

schooltas

د پنسل بکسه

etui

پنسل

potlood

پنسل تراش

puntenslijper

ربړ

gum

د رسامۍ پاڼه

schetsblok

2 ښوونځی - school

رسامي
....
tekening

د نقاشی برس
....
penseel

د نقاشی بکس
....
verfdoos

قیچي
....
schaar

سریښ
....
lijm

د تمرین کتاب
....
schrift

کورنی دنده
....
huiswerk

شمیر
....
getal

2+2

جمع
....
optellen

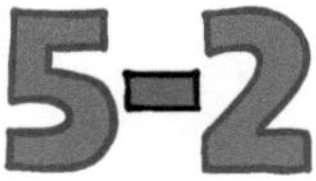

5-2

منفي
....
aftrekken

2×2

ضرب
....
vermenigvuldigen

حساب
....
rekenen

A

توری
....
letter

ABCDEFG
HIJKLMN
OPQRSTU
VWXYZ

الفبا
....
alfabet

hello

کلمه
....
woord

متن

tekst

لوستل

lezen

تباشير

krijt

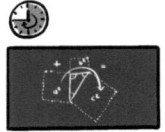

درس

les

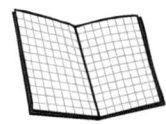

راجستر

klassenboek

ازموينه

examen

تصديق پاڼه

diploma

د ښوونځي يونيفارم

schooluniform

تعليم

opleiding

دايره المعارف

encyclopedie

پوهنتون

universiteit

مايکروسکوپ

microscoop

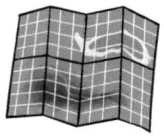

نقشه

kaart

اشغالدانی

prullenmand

هوتل
hotel

لیلیه
hostel

د اسعارو د تبادلي دفتر
wisselkantoor

بکس
koffer

موټر
auto

ژبه
taal

هو/نه
ja / nee

سمه ده
oké

سلام
Hallo!

ژباړونکی
tolk

مننه
Bedankt.

څومره دي...؟

....

Wat kost ...?

زه نه پوهیږم

....

Ik begrijp het niet.

ستونزه

....

probleem

ماښام مو پخير!

....

Goedenavond!

سهار په خير!

....

Goedemorgen!

شپه په خير!

....

Goedenacht!

په مخه مو ښه

....

Tot ziens!

لارښود

....

richting

سامان

....

bagage

بیگ

....

tas

شاتنی بکس

....

rugzak

میلمه

....

gast

خونه

....

kamer

د خوب کڅوړه

....

slaapzak

خیمه

....

tent

د توریزم معلومات

....

VVV-kantoor

ساحل

....

strand

کریډیټ کارت

....

creditkaart

نارې

....

ontbijt

د غرمې خواړه

....

lunch

د شپې خواړه

....

diner

ټیکټ

....

kaartje

لفټ

....

lift

مهر

....

postzegel

پوله

....

grens

ګمرک

....

douane

سفارت

....

ambassade

ویزه

....

visum

پاسپورټ

....

paspoort

ټرانسپورټ
transport

الوتکه
vliegtuig
schip
د اور ماشین
brandweerwagen
بس
bus
vrachtauto
motorboot
بایک
fiets
auto

کښتۍ
....
veerboot

کښتۍ
....
boot

موټرسایکل
....
motorfiets

د پولیسو موټر
....
politiewagen

د ریس موټر
....
raceauto

کرایي موټر
....
huurauto

د کرايه موټري

carsharing

جرثقيل لرونکی ټرک

takelwagen

ريفيوز ټرک

vuilniswagen

موټر

motor

سونګ توکي

benzine

پټرول سټيشن

benzinepomp

ترافيکي نښه

verkeersbord

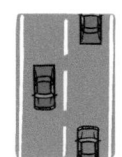

ترافيک

verkeer

جام ترافيک

file

د موټرو تمځای

parkeerplaats

د ريل سټيشن

station

پاټکي

rails

ريل

trein

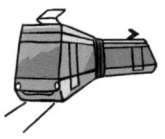

ټرام

tram

واګون

wagon

چورلکه

helikopter

هوايي ډګر

luchthaven

برج

toren

مسافر

passagier

کانټېنر

container

کارتون

verhuisdoos

کارټ

kar

ټوکرۍ

mand

الوتنه کول/کښېناستل

opstijgen / landen

ښار

stad

کلی

dorp

د ښار مرکز

stadscentrum

کور

huis

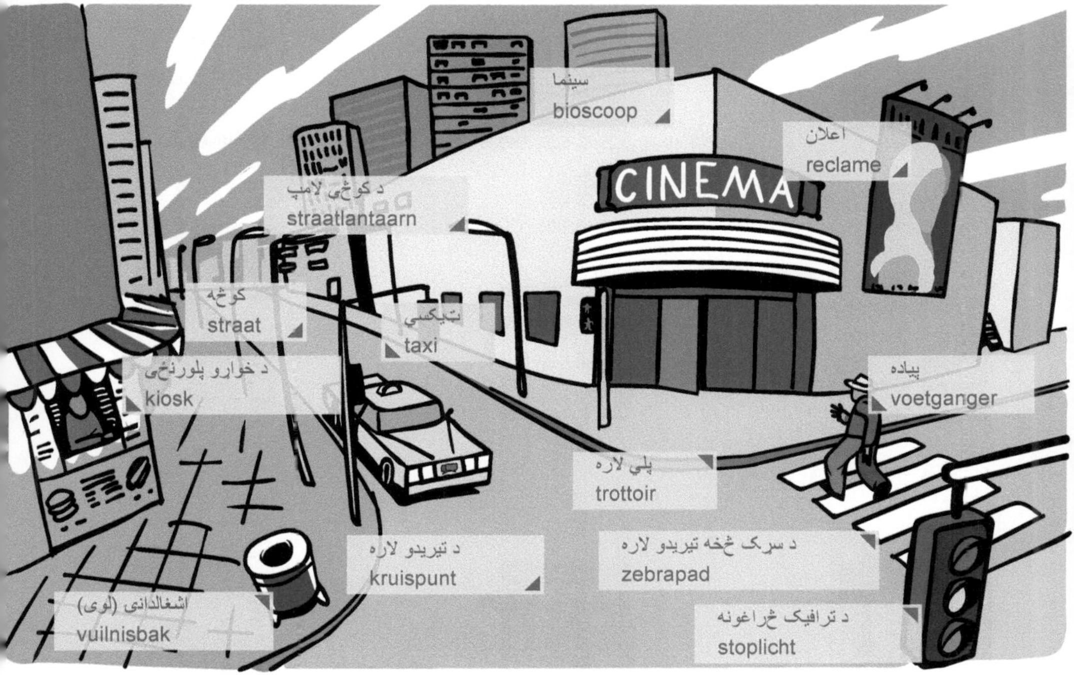

سینما
bioscoop

اعلان
reclame

د کوڅې لامپ
straatlantaarn

کوڅه
straat

تیکسي
taxi

پیاده
voetganger

د خوارو پلورنځی
kiosk

پلی لاره
trottoir

د تیریدو لاره
kruispunt

د سرک څخه تیریدو لاره
zebrapad

اشغالدانی (لوی)
vuilnisbak

د ترافیک څراغونه
stoplicht

کوډله

hut

اپارتمان

appartement

د ریل ستیشن

station

ټاون هال

stadhuis

میوزیم

museum

ښوونځی

school

پوهنتون

universiteit

بانک

bank

روغتون

ziekenhuis

هوټل

hotel

درملتون

apotheek

دفتر

kantoor

کتاب پلورنځی

boekenwinkel

پلورنځی

winkel

د ګلانو پلورنځی

bloemenwinkel

لوی پلورنځی

supermarkt

مارکیټ

markt

د ډیپارټمنټ سټور

warenhuis

کب پلورنځی

visboer

د پلور مرکز

winkelcentrum

لنګرتون

haven

پارک

park

بینچ

bank

پل

brug

زینه

trap

د ځمکي لاندي

metro

تونل

tunnel

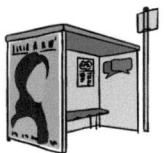

بس تمځای

bushalte

بار

bar

ریسټورانټ

restaurant

پوست بکس

brievenbus

د کوڅې نښه

straatnaambord

د پارک کولو میټر

parkeermeter

ژوبڼ

dierentuin

د لامبو حوض

zwembad

مسجد

moskee

كرونده
....
boerderij

ناپاكي
....
vervuiling

هديره
....
begraafplaats

چرچ
....
kerk

د لوبو ډګر
....
speelplaats

معبد/كليسا
....
tempel

منظره

landschap

پاڼه
blad

د لارښوونې نښه
wegwijzer

لاره
weg

چمن
weide

كاڼى
steen

هيكر
wandelaar

وَنه
boom

سيند
rivier

واښه
gras

ګل
bloem

دره

vallei

غونډۍ

berg

ناور

meer

ځنګل

bos

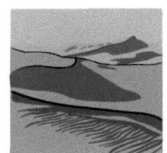

دښته

woestijn

اورشيندی

vulkaan

کلا

kasteel

رنګين کمان

regenboog

مرخيړي

paddenstoel

پلم ونه

palmboom

ماشي

mug

الوتل

vlieg

ميږی

mier

مچی

bij

غونډل/جولا

spin

کونګټ

kever

چونګښه

kikker

نولی

eekhoorn

زیږکی

egel

سوی

haas

کونګ

uil

مرغی

vogel

قازه

zwaan

نرخوک

wild zwijn

هوسی

hert

ګاوزه

eland

بند

stuwdam

بادي توربين

windmolen

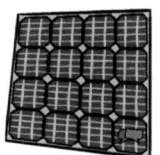

سولر تختي

zonnepaneel

اقليم

klimaat

restaurant

پیشخدمت
ober
مینو
menu
stoel
سوپ
soep
پیزا
pizza
د میز ټوټه
tafelkleed
ښاخۍ، چاقو، کاشوغه
bestek

سټارټر
....
voorgerecht

اصلي خواړه
....
hoofdgerecht

شیریني
....
toetje

څښاک
....
dranken

خواړه
....
eten

بوتل
....
fles

فاسټ فوډ

fastfood

د کوڅې خواړه

eetkraampje

چای جوش

theepot

قندانی

suikerpot

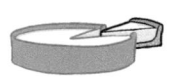

برخه

portie

اسپرسو مشین

espressomachine

لوړه چوکی

kinderstoel

رسید

rekening

مجمه

dienblad

چاکو

mes

پنجه

vork

قاشق

lepel

چای قاشق

theelepel

سورویت

servet

ګلاس

glas

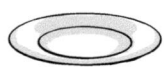

پلیټ

bord

د سوپ پلیټ

soepbord

نالبکی

schotel

ساس

saus

مالګه شیندونکی

zoutvaatje

د مرچ ټکولو لوخی

pepermolen

سرکه

azijn

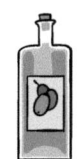

غوړي

olie

مساله

kruiden

کچ اپ

ketchup

شرشم

mosterd

چکه

mayonaise

لوی پلورنځی
supermarkt

خانګړی وړاندیز
aanbieding
FOR
پیرودونکی
klant
لبنیات
zuivelproducten
میوه
fruit
winkelwagen

قصابي

slager

نانوایی

bakkerij

وزن کول

wegen

سبزیجات

groente

غوښه

vlees

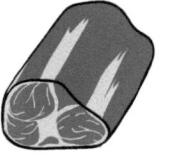

کنګل خواړه

diepvriesproducten

يخه غوښه

vleeswaren

کنسروا خواړه

conserven

د مينځلو پوډر

wasmiddel

شيريني

snoepgoed

کورني توليدات

huishoudelijke artikelen

د پاکولو محصولات

schoonmaakmiddel

د پلور فرد

verkoopster

د نغدي راجستر

kassa

صراف

kassier

د پيرود ليست

boodschappenlijstje

کاري ساعتونه

openingstijden

بټوه

portefeuille

کریډیټ کارت

creditkaart

کڅوړه

tas

پلاستیک کڅوړه

plastic zak

څښاک
dranken

اوبه

water

جوس

sap

شیده

melk

کوک

cola

واین

wijn

بیر

bier

الکول

alcohol

ککاو

chocolademelk

چای

thee

کافي

koffie

اسپرسو

espresso

کپچینو

cappuccino

کیله

banaan

مڼه

appel

نارنج

sinaasappel

هندوانه

watermeloen

لیمو

citroen

گازره

wortel

هوږه

knoflook

بانکس

bamboe

پیاز

ui

مرخیړي

paddenstoel

چغزی

noten

آش

pasta

سپیګټي
....
spaghetti

وريجې
....
rijst

سلاد
....
salade

چپس
....
friet

سره کړي کچالو
....
gebakken aardappelen

پيزا
....
pizza

همبرګر
....
hamburger

ساندويچ
....
sandwich

کتره
....
schnitzel

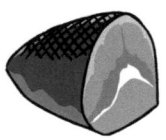

د پتون غوښه
....
ham

سلمي
....
salami

ساسچ
....
worst

چرګ
....
kip

روسټ
....
gebraad

کب
....
vis

د وربشي شیرني

havermout

موسلي

muesli

د جوار پلی

cornflakes

اوړه

meel

کروسانت

croissant

د ډوډی رول

broodjes

ډوډی

brood

ټوسټ

toast

بسکیټ

koekjes

کوچ

boter

چکه

kwark

کیک

taart

هګی

ei

پښې هګی

gebakken ei

پنیر

kaas

آیس کریم

ijs

بوره

suiker

شهد

honing

مربا

jam

نوګـاټ کریم

chocoladepasta

کورکمان

kerrie

کرونده

boerderij

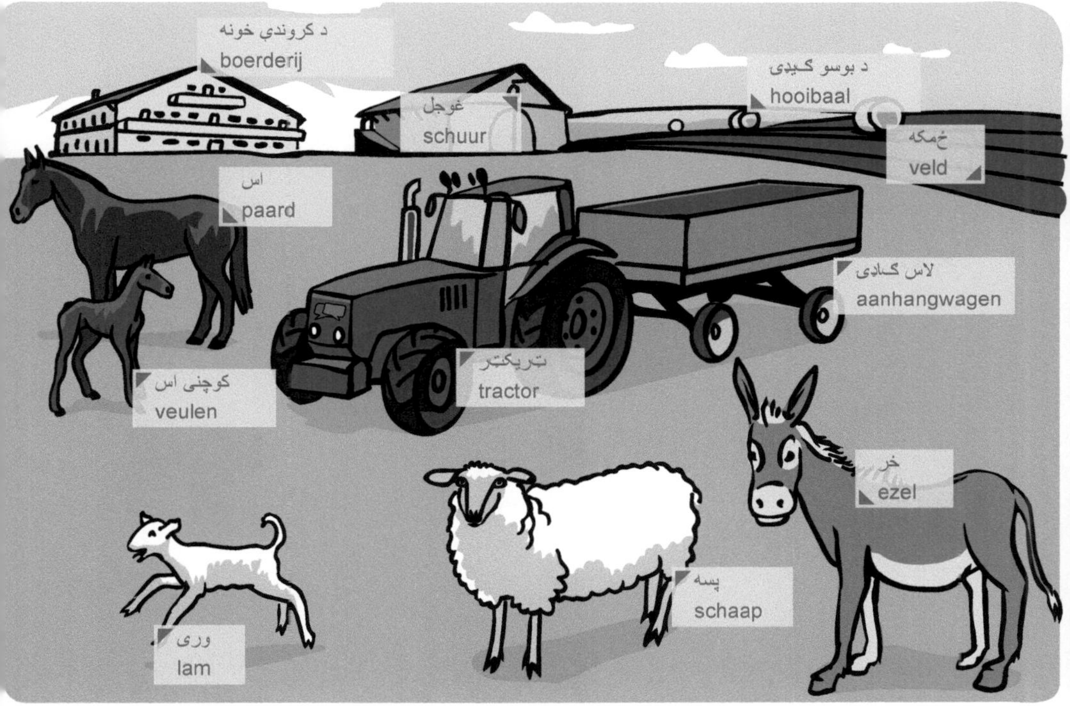

د کروندې خونه
boerderij
غوجل
schuur
د بوسو گیډی
hooibaal
ځمکه
veld
اس
paard
لاس گاډی
aanhangwagen
تریکتر
tractor
کوچنی اس
veulen
خر
ezel
پسه
schaap
وری
lam

وزه

geit

غوا

koe

خوسکی

kalf

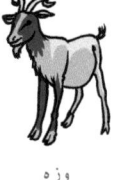

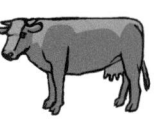

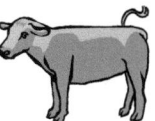

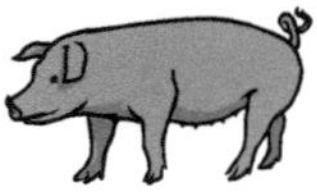

خوک

varken

د خوک بچی

big

غویی

stier

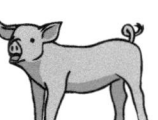

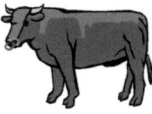

بته
....
gans

هیلی
....
eend

چرگوری
....
kuiken

چرگه
....
kip

بانگي
....
haan

سارای موږک
....
rat

پیشک
....
kat

موږک
....
muis

غویی
....
os

سپی
....
hond

د سپي خونه
....
hondenhok

د باغ هوز
....
tuinslang

د اوبو لوخی
....
gieter

لور (داس)
....
zeis

یوی
....
ploeg

لور
....
sikkel

رمبی
....
schoffel

ښاخی
....
hooivork

تبر
....
bijl

کراچی
....
kruiwagen

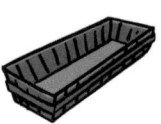

ناوه
....
trog

د شیدو لوخی
....
melkbus

جوال
....
zak

کټاره
....
hek

مضبوط
....
stal

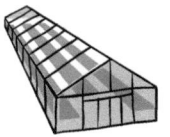

شنه خونه
....
broeikas

خاوره
....
grond

تخم
....
zaad

سره/کود
....
mest

ګډ ریبونکی ماشین
....
maaidorser

زيرمه کول

....

oogsten

درمند

....

oogst

خوارِه کچالو

....

yam

غنم

....

tarwe

سويا

....

soja

کچالو

....

aardappel

جوار

....

maïs

نباتي تخم

....

koolzaad

د میوې ونه

....

fruitboom

مانيوک

....

maniok

غله

....

granen

کور

huis

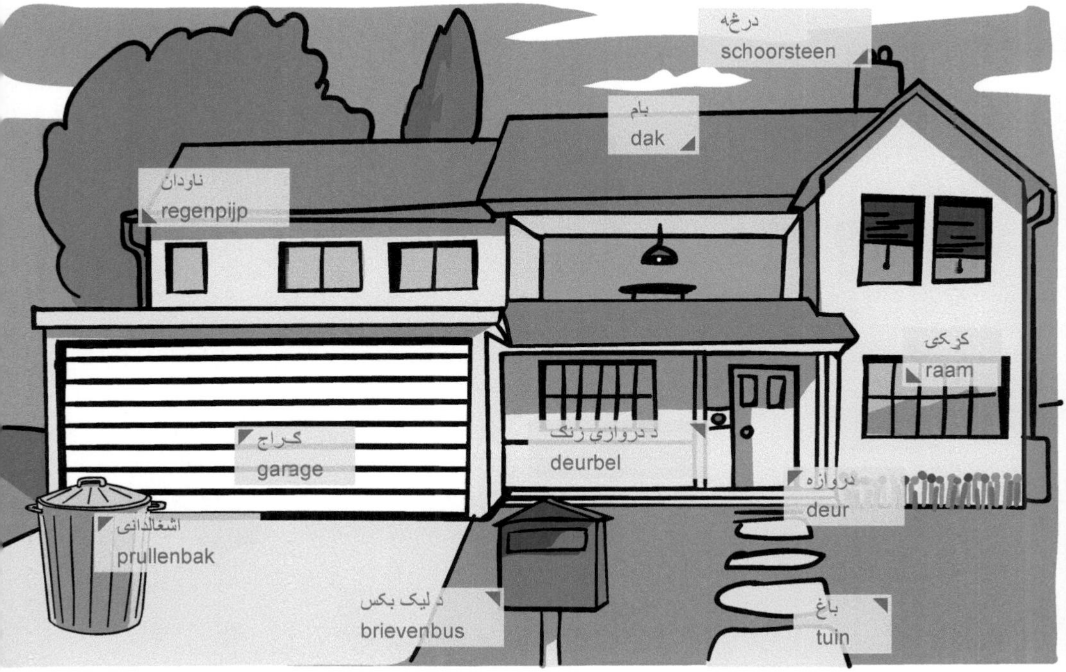
درځه
schoorsteen
بام
dak
ناودان
regenpijp
کړکۍ
raam
ګراج
garage
د دروازې زنګ
deurbel
دروازه
deur
اشغالدانۍ
prullenbak
د لیک بکس
brievenbus
باغ
tuin

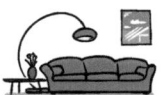

د اوسیدو خونه
....
woonkamer

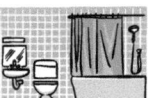

حمام
....
badkamer

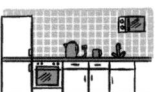

پخلنځی
....
keuken

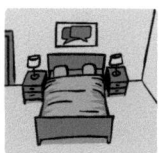

د ویده کیدو خونه
....
slaapkamer

د ماشوم خونه
....
kinderkamer

د خوړو خونه
....
eetkamer

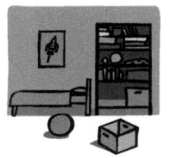

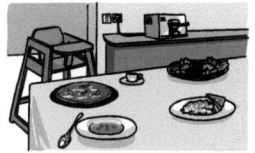

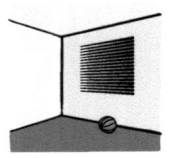

فرش

....

vloer

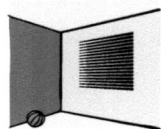

دیوال

....

muur

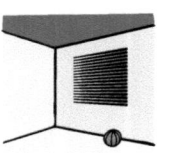

چت

....

plafond

زیرخانه

....

kelder

سونا

....

sauna

بالکوني

....

balkon

تېراس

....

terras

حوض

....

zwembad

د چمن وهلو ماشین

....

grasmaaier

شیټ

....

laken

روجایی

....

bedsprei

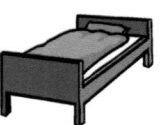

تخت

....

bed

جارو

....

bezem

بوکه

....

emmer

سویچ

....

schakelaar

woonkamer

behang
عکس
foto
لامپ
lamp
شيلف
plank
الماری
kast
تلويزيون
televisie
نغری
open haard
گل
bloem
بالښت
kussen
صوفه
bankstel
گلدانی
vaas
ريموټ کنټرول
afstandsbediening

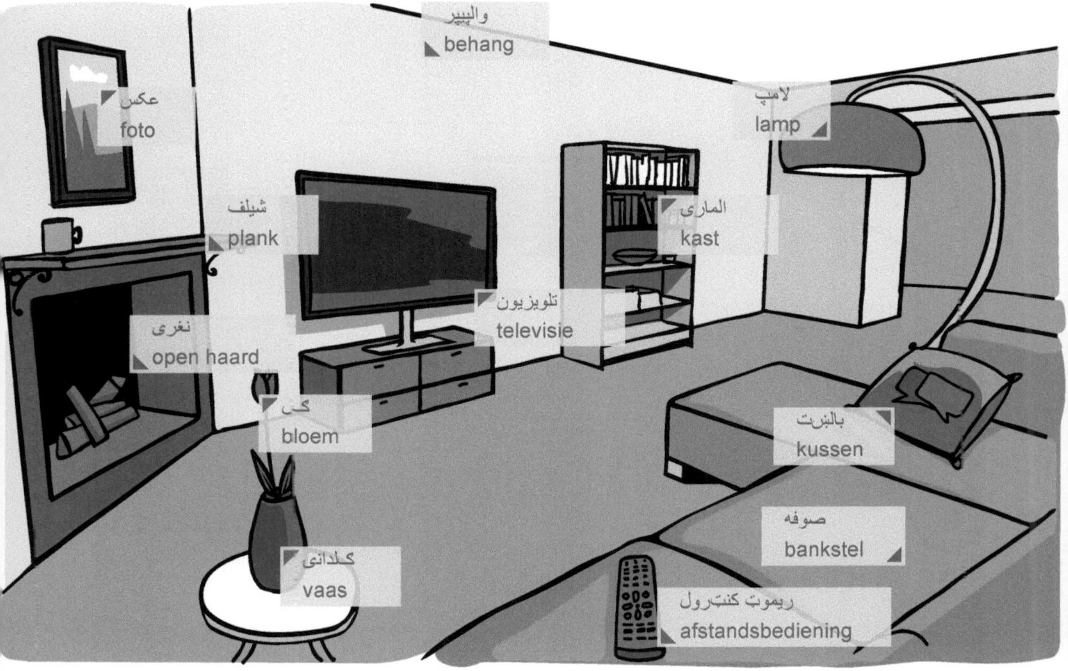

غالی

tapijt

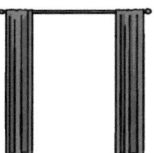

پرده

gordijn

ميز

tafel

چوکی

stoel

تاويدونکي چوکی

schommelstoel

بازو لرونکی چوکی

stoel

كتاب
....
boek

كمپل
....
deken

ډيكوريشن
....
decoratie

د اور لرګي
....
brandhout

فلم
....
film

هايـفاى
....
stereo-installatie

كلي
....
sleutel

ورځپاڼه
....
krant

نقاشي
....
schilderij

پوسټر
....
poster

راډيو
....
radio

كتابچه
....
kladblok

واكيوم جارو
....
stofzuiger

كاكتوس
....
cactus

شمع
....
kaars

پخلنځی
keuken

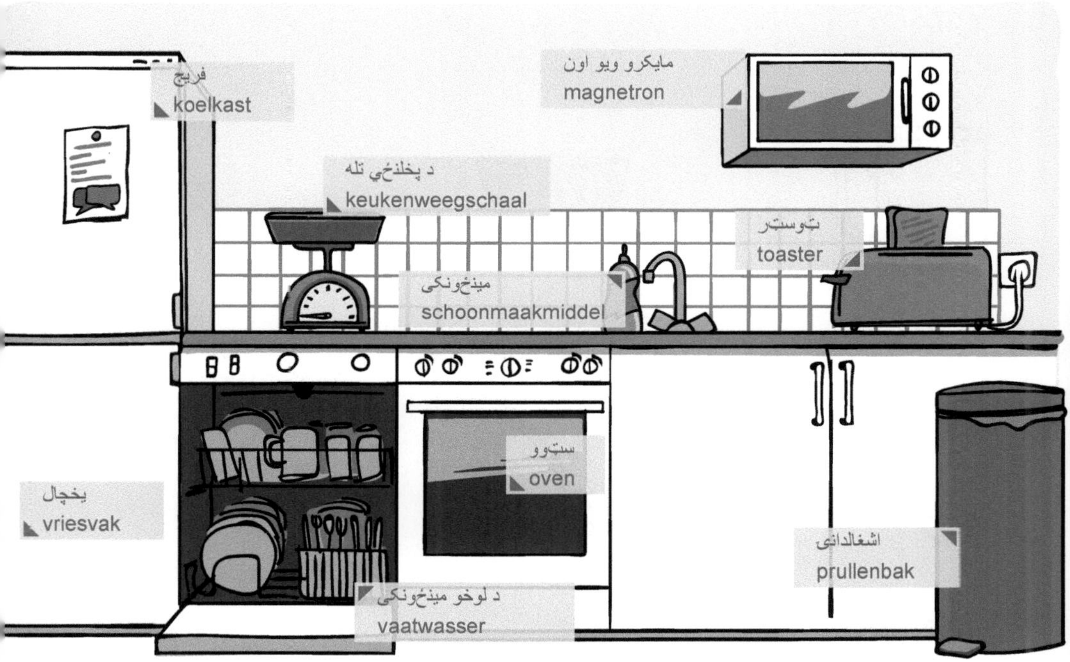
فریج
koelkast
مایکرو ویو اون
magnetron
د پخلنځي تله
keukenweegschaal
ټوستر
toaster
مینځونکی
schoonmaakmiddel
سټوو
oven
یخچال
vriesvak
اشغالدانی
prullenbak
د لوخو مینځونکی
vaatwasser

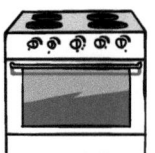

دیگ بخار

fornuis

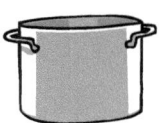

لوخی

pan

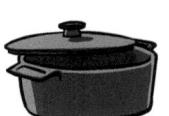

چدني لوخی

gietijzeren pan

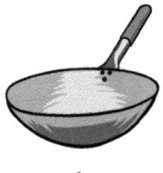

ووک

wok / kadai

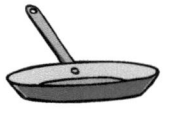

د تلی په

koekenpan

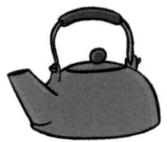

چای جوش

ketel

د بخار دیگ

stoomkoker

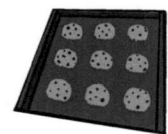

پتنوس

bakplaat

لوخي

servies

مګ

beker

کاسه

kom

د رانیولو اوزار

eetstokjes

څمڅی

soeplepel

کفګیر

spatel

پاکونکی

garde

صافي

vergiet

غلبیل

zeef

ګریټر

rasp

اونګ

vijzel

بار بي کیو

barbecue

خلاص اور

vuurhaard

تخته

snijplank

هوارونکی

deegroller

کارک سکریو

kurkentrekker

ټیم

blik

د ټیم خلاصونکی

blikopener

د لوخي ټوټه

pannenlap

ظرف شوی

wasbak

برس

borstel

سپنج

spons

بلیندر

blender

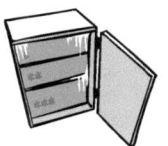

ژور یخچال

vriezer

د ماشوم بوتل

babyflesje

نل

kraan

حمام

badkamer

تودول
verwarming
جان پاک
handdoek
شاور
douche
د شاور پرده
douchegordijn
bubbelbad
د حمام ټب
bad
د مینځلو مشین
wasmachine
ټایلونه
tegels
glas
نل
kraan
يو ډول کمود
potje
ظرف شوی
wasbak

تشناب

toilet

فرشي کمود

hurktoilet

کمود

bidet

د متیازو ځای

urinoir

تشناب کاغذ

toiletpapier

د تشناب برس

toiletborstel

د غاښونو برس

tandenborstel

د غاښونو کریم

tandpasta

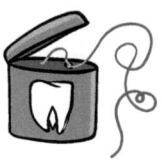

د غاښونو نخ

flosdraad

مینځل

wassen

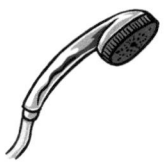

لاسي شاور

handdouche

دوش

toiletdouche

خانک

waskom

د شا برس

rugborstel

صابون

zeep

د شاور ژل

douchegel

شامپو

shampoo

فلانل جامه

washanje

وچول

afvoer

کریم

creme

سپری

deodorant

آینه

....

spiegel

لاسي آینه

....

make-upspiegel

ریزر

....

scheermes

د خریلو فوم

....

scheerschuim

د خریلو ورروسته

....

aftershave

ګمنځ

....

kam

برس

....

borstel

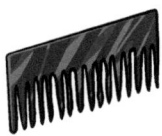

د ویښتانو وچونکی

....

haardroger

د ویښتانو سپری

....

haarspray

میک اپ

....

make-up

لیپ ستیک

....

lippenstift

د نوکانو پالش

....

nagellak

کاټن وری

....

watten

ناخن ګیر

....

nagelschaartje

عطر

....

parfum

د مینځلو کڅوړه

toilettas

سټول

kruk

د وزن کولو تله

weegschaal

د حمام پوښاک

badjas

د ربړ دستکش

rubber handschoenen

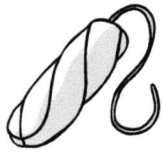

ټامپون

tampon

صحیی جان پاک

maandverband

کیمیکل تشناب

chemisch toilet

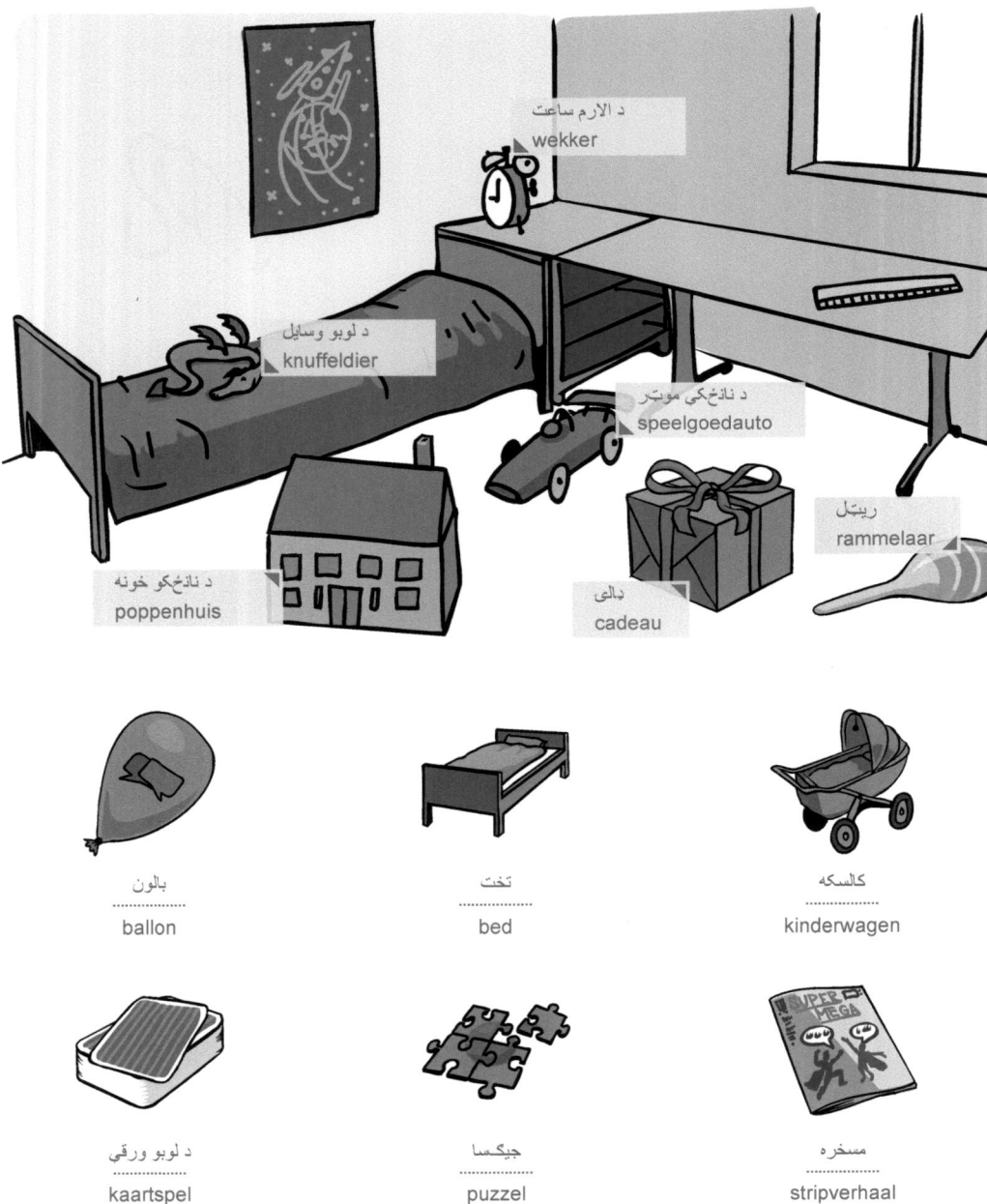

د ماشوم خونه

kinderkamer

د الارم ساعت
wekker
د لوبو وسايل
knuffeldier
د ناڅکي موټر
speelgoedauto
rammelaar
poppenhuis
cadeau

بالون

ballon

تخت

bed

کالسکه

kinderwagen

د لوبو ورقي

kaartspel

جيګسا

puzzel

مسخره

stripverhaal

لیګـو بریک
....
legostenen

د نانځکو بلاک
....
speelgoedblokken

د اکشن فیګـور
....
actiefiguurtje

د ماشوم پوښاک
....
romper

فریزبي
....
frisbee

موبایل
....
mobile

بورډ لوبه
....
bordspel

تاس
....
dobbelsteen

ماډل ریل سیټ
....
modeltrein

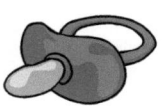

ګـونګـشی
....
speen

پارټي
....
feestje

د عکسونو البوم
....
prentenboek

بال
....
bal

نانځکه
....
pop

لوبیدل
....
spelen

د شګو کنده

....

zandbak

سوینګ

....

schommel

نانځکي

....

speelgoed

د ویډیو لوبو کنسول

....

spelcomputer

ټرای سایکل

....

driewieler

ګوبکه

....

teddybeer

د کالو الماری

....

kleerkast

پوښاک

kleding

جرابې

....

sokken

لوړې جرابې

....

kousen

ټایټس

....

panty

زروکی
sjaal

چتری
paraplu

ټي شرت
T-shirt

کمربند
riem

بوتان
laarzen

سلپیر
pantoffels

سنیکر
sportschoenen

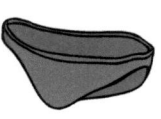

سیندل
sandalen

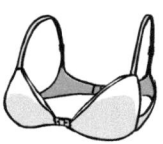

بوتان
schoenen

د ربر بوتان
rubberlaarzen

زیرنیکري
onderbroek

سینه بند
beha

واسکټ
onderhemd

بادي

....

body

پتلون

....

broek

جينز

....

spijkerbroek

لمن

....

rok

بلاوز

....

blouse

شرټ

....

overhemd

بنيان

....

trui

سويټر

....

hoody

بليزر

....

blazer

جاکټ

....

jas

کوټ

....

mantel

د باران کوټ

....

regenjas

پوښاک

....

kostuum

کالي

....

jurk

د واده پوښاک

....

trouwjurk

دریشي

pak

د شپې پوښاک

nachthemd

پاجامه

pyjama

ساړي

sari

لوپټه

hoofddoek

پټکی

tulband

برقه

boerka

کفتن

kaftan

عبا

abaja

د لامبو پوښاک

zwempak

نیکر

zwembroek

شارټ

korte broek

د ځغاستې پوښاک

trainingspak

پیش بند

schort

دستکش

handschoenen

بټن

knoop

عینک

bril

لاس بند

armband

غاړه کۍ

ketting

ګوتمه

ring

غوږوالۍ

oorbel

خولۍ

pet

کوټ بند

kledinghanger

خولۍ

hoed

ټایی

stropdas

ځنځیر

rits

هیلمیټ

helm

ترونکۍ

bretels

د ښوونځي یونیفارم

schooluniform

یونیفارم

uniform

بيب
....
slabbetje

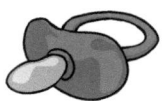

ګـونګـشی
....
speen

نيپي
....
luier

دفتر
kantoor

سرور
server
د دوسیه الماری
archiefkast
ورق
papier
پرینټر
printer
beeldscherm
ماوس
muis
دیسک
bureau
map
کي بورډ
toetsenbord
اشغالدانی
prullenmand
کمپیوټر
computer
چوکی
stoel

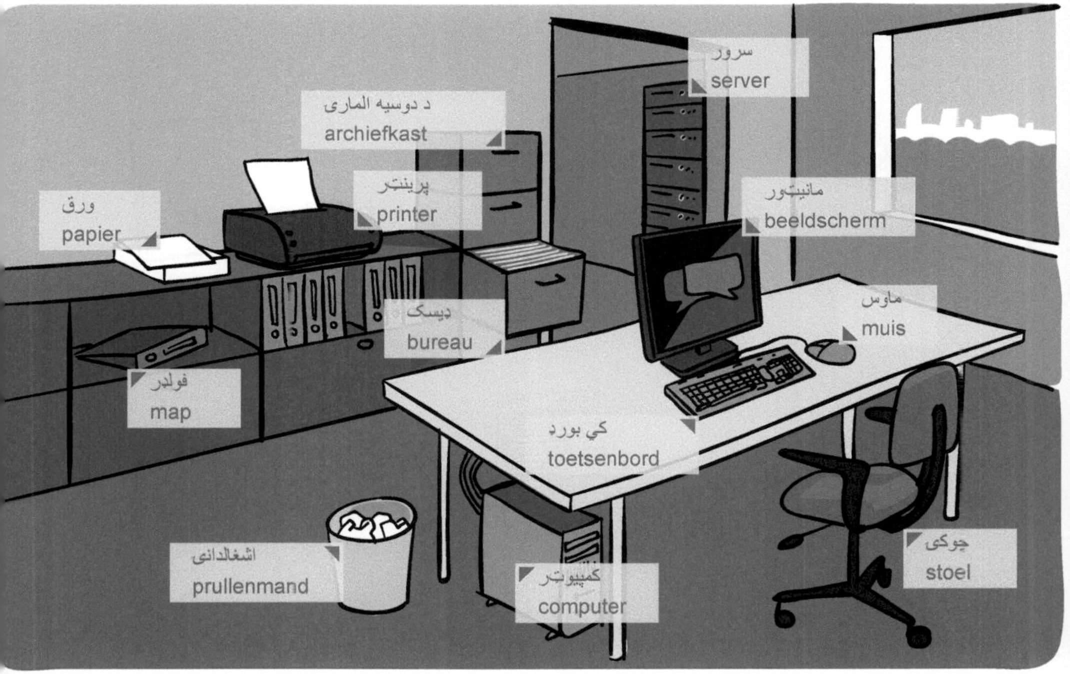

د کافي پیاله
....
koffiemok

کالکولیټر
....
rekenmachine

انټرنیټ
....
internet

لپ ټاپ
....
laptop

لیک
....
brief

پیغام
....
bericht

موبایل
....
mobiele telefoon

نیټورک
....
netwerk

فوټوکاپیر
....
kopieermachine

سافټویر
....
software

تلیفون
....
telefoon

پلک ساکټ
....
stopcontact

فکس مشین
....
fax

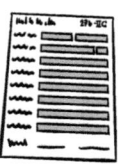

فارم
....
formulier

سند
....
document

پیرل

kopen

تادیه کول

betalen

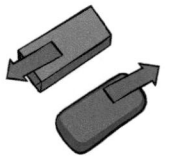

سوداګري کول

handel drijven

پیسي

geld

ډالر

dollar

یورو

euro

ین

yen

ربل

roebel

سویسي فرانک

Zwitserse frank

رینمینبي یوان

renminbi yuan

روپۍ

roepie

د نغدي پیسو ځای

geldautomaat

د اسعارو د تبادلی دفتر

wisselkantoor

سره زر

goud

سپین زر

zilver

تیل

olie

انرژي

energie

نرخ

prijs

قرارداد

contract

مالیه

belasting

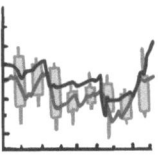

اسهام

aandeel

کار کول

werken

کارمند

werknemer

کار ګومارونکی

werkgever

فابریکه

fabriek

پلورنځی

winkel

د پولیسو افسر
politieagent
د اطفایه غړی
brandweerman
آشپز
kok
dokter
پیلوټ
piloot

باغوان

tuinman

نجار

timmerman

خیاط

naaister

قاضي

rechter

کیمیا پوه

scheikundige

د فلم لوبغاړی

toneelspeler

د بس ډرايور

buschauffeur

د ټيکسي ډرايور

taxichauffeur

کب نيونکی

visser

خدمه

schoonmaakster

بام جوړونکی

dakdekker

پيشخدمت

ober

ښکاري

jager

نقاش

schilder

نانوا

bakker

د برښنا کارکونکی

elektricien

تعمير جوړونکی

bouwvakker

انجنير

ingenieur

قصاب

slager

نلدوان

loodgieter

پوست رسونکی

postbode

سرتیری

soldaat

مهندس

architect

صراف

kassier

ماليار

bloemist

نایی

kapper

كلينډر

conducteur

ميكانيک

monteur

کپتان

kapitein

د غاښونو ډاکټر

tandarts

ساینس پوه

wetenschapper

ښاغلی

rabbi

امام

imam

مذهبي نفر

monnik

پادري

pastoor

لوازم
gereedschap

hamer
پلاس
tang
پیچکش
schroevendraaier
رینچ
moersleutel
څراغ
zaklamp

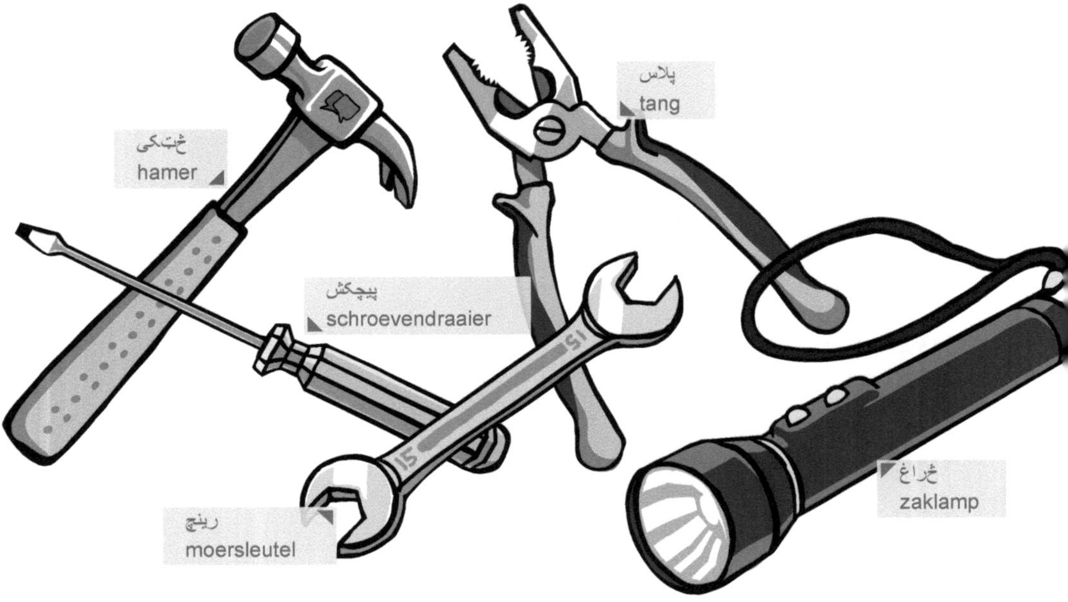

کنستونکی
graafmachine

د لوازمو بکس
gereedschapskist

زینه
ladder

اره
zaag

میخونه
spijkers

برمه
boor

ترمیم کول

repareren

بیل

schep

لعنت!

Verdorie!

خاک انداز

stofblik

مشوانی

verfpot

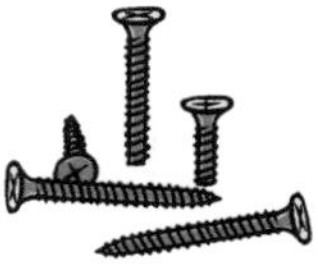

پیچونه

schroeven

د میوزیک آلات

muziekinstrumenten

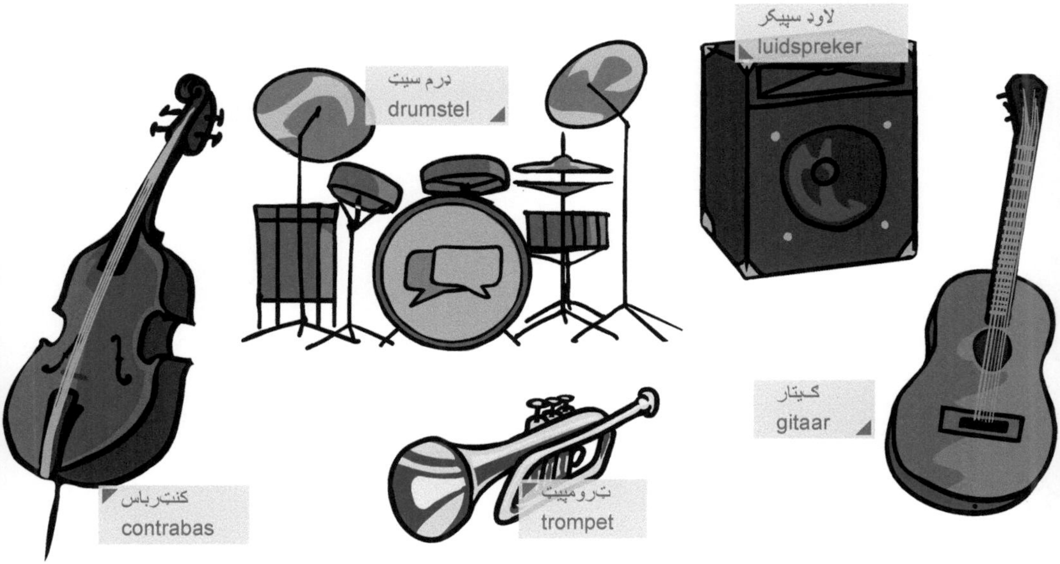

لاود سپیکر
luidspreker

درم سیت
drumstel

کیتار
gitaar

کنترباس
contrabas

تـرومپیت
trompet

پیانو

piano

وایلن

viool

باس

bas

نغاره

pauk

درمونه

trommel

کي بورډ

keyboard

سیکسافون

saxofoon

شپیلۍ

fluit

مایکروفون

microfoon

dierentuin

ننوتو لاره
ingang
tijger
پنجره
kooi
ګوره خر
zebra
د ژویو خواره
dierenvoer
panda

ژوی

dieren

هاتي

olifant

کنګرو

kangoeroe

د اوبو اسپ

neushoorn

ګوريلا

gorilla

ايږه

beer

اوښ

....

kameel

شترمرغ

....

struisvogel

زمری

....

leeuw

بیزو

....

aap

غزی

....

flamingo

طوطي

....

papegaai

قطبي ایږه

....

ijsbeer

پینګوین

....

pinguïn

شارک

....

haai

طاوس

....

pauw

مار

....

slang

تمساح

....

krokodil

ژوبڼ ساتونکی

....

dierenverzorger

سیل

....

zeehond

جګوار

....

jaguar

يابو
....
pony

پړانګ
....
luipaard

هيپو
....
nijlpaard

زرافه
....
giraffe

باز
....
adelaar

نرخوګ
....
wild zwijn

کب
....
vis

شمشتی
....
schildpad

سمندري نولی
....
walrus

ګيدړه
....
vos

هوسۍ
....
gazelle

ورزش

sport

امریکایی فټبال
American football
سایکل ځغلول
wielrennen
tennis
باسکیټبال
basketbal
لامبو
zwemmen
باکسینګ
boksen
د کنګل هاکي
ijshockey

فټبال

voetbal

کسیزه

badminton

د ځغاستي لوبي

atletiek

د هندبال

handbal

سکي

skiën

پولو

polo

فعالیتونه
activiteiten

خندل
lachen
ټوپ وهل
springen
غاړه ورکول
knuffelen
lopen
سندرې ویل
zingen
خوب لیدل
dromen
عبادت کول
bidden
مچو کول
kussen

لیکل
schrijven

کښل
tekenen

ښودل
tonen

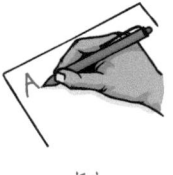

ټېله کول
duwen

ورکول
geven

اخیستل
oppakken

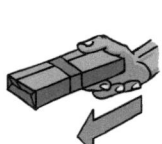

درلودل
....
hebben

کول
....
doen

پاییدل
....
zijn

ودریدل
....
staan

منډې وهل
....
rennen

راکښل
....
trekken

ګوزارول
....
gooien

لویدل
....
vallen

څملاستل
....
liggen

انتظار کول
....
wachten

وړل
....
dragen

کښیناستل
....
zitten

پوښاک اغوستل
....
aankleden

ویده کیدل
....
slapen

پاڅیدل
....
wakker worden

کتل

bekijken

ژړل

huilen

برید کول

strelen

ګمنځ کول

kammen

خبري کول

praten

پوهیدل

begrijpen

غوښتل

vragen

اوریدل

horen

څښل

drinken

خوړل

eten

پاکول

opruimen

مینه کول

houden van

پخلی کول

koken

موټر چلول

rijden

الوتل

vliegen

بیړی چلول
....
zeilen

حساب
....
rekenen

لوستل
....
lezen

زده کول
....
leren

کار کول
....
werken

واده کول
....
trouwen

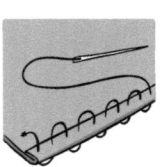

ګنډل
....
naaien

د غاښونو برس کول
....
tandenpoetsen

وژل
....
doden

سګرټ څښل
....
roken

لیږل
....
verzenden

کورنۍ
familie

نیا
grootmoeder
نیکه
grootvader
پلار
vader
مور
moeder
ماشوم
baby
لور
dochter
زوی
zoon

میلمه

gast

ترور

tante

کاکا/ماما

oom

ورور

broer

خور

zus

lichaam

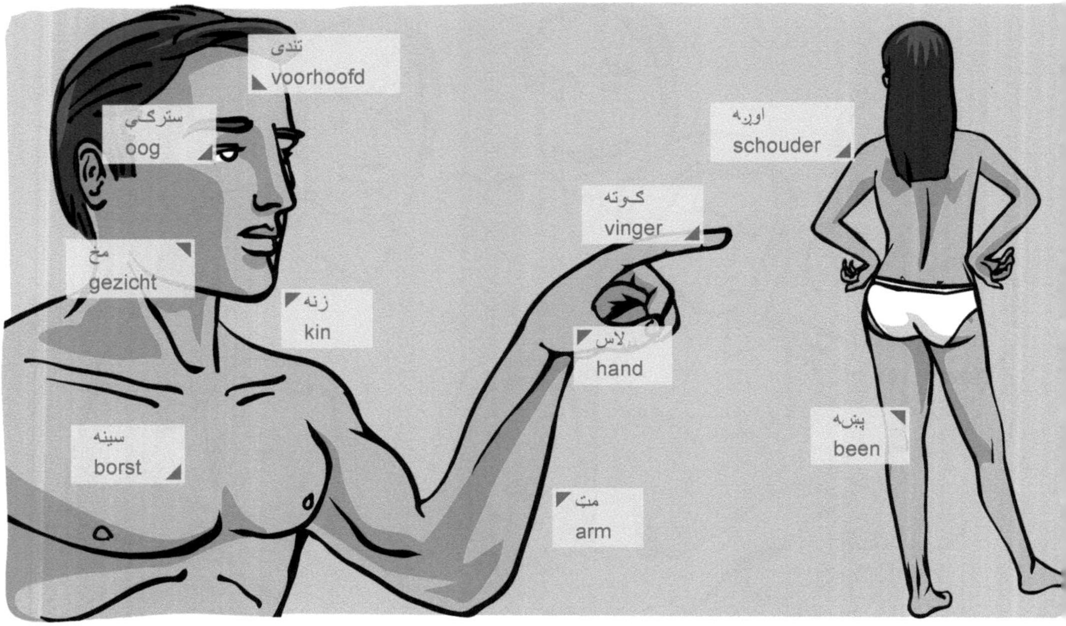

تندی
voorhoofd

سترکنی
oog

اوږه
schouder

ګوته
vinger

مخ
gezicht

زنه
kin

لاس
hand

سينه
borst

پښه
been

مت
arm

ماشوم
baby

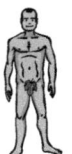

سړی
man

بنځه
vrouw

انجلی
meisje

هلک
jongen

سر
hoofd

شا

rug

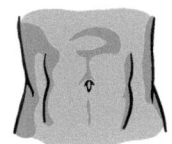

خېټه

buik

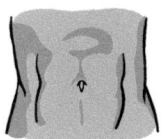

نوم

navel

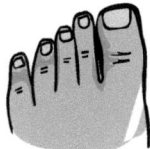

د پښې ګوته

teen

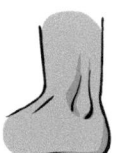

پونده

hiel

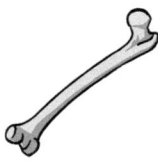

هډوکی

bot

کوناټی

heup

زنګون

knie

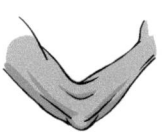

څنګل

elleboog

پوزه

neus

لاندې برخه

achterwerk

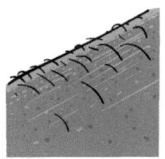

پوټکی

huid

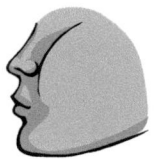

غومبوری

wang

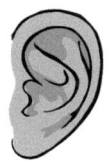

غوږ

oor

شونډه

lippen

خوله

mond

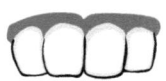

غاښ

tand

ژبه

tong

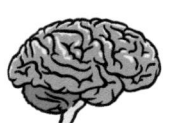

مغز

hersenen

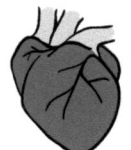

زړه

hart

عضله

spier

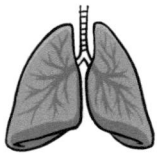

سږی

long

ځیګر

lever

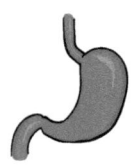

معده

maag

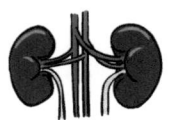

پښتورګي

nieren

جنسي نږدي والی

geslachtsgemeenschap

کاندوم

condoom

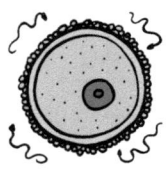

تخمه

eicel

مني

sperma

حمل

zwangerschap

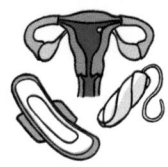

حيض

....

menstruatie

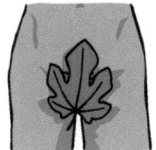

مهبل

....

vagina

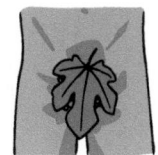

د نارينه تناسلي آله

....

penis

وروخی

....

wenkbrauw

ويښته

....

haar

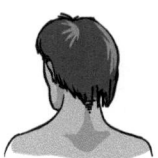

غاړه

....

hals

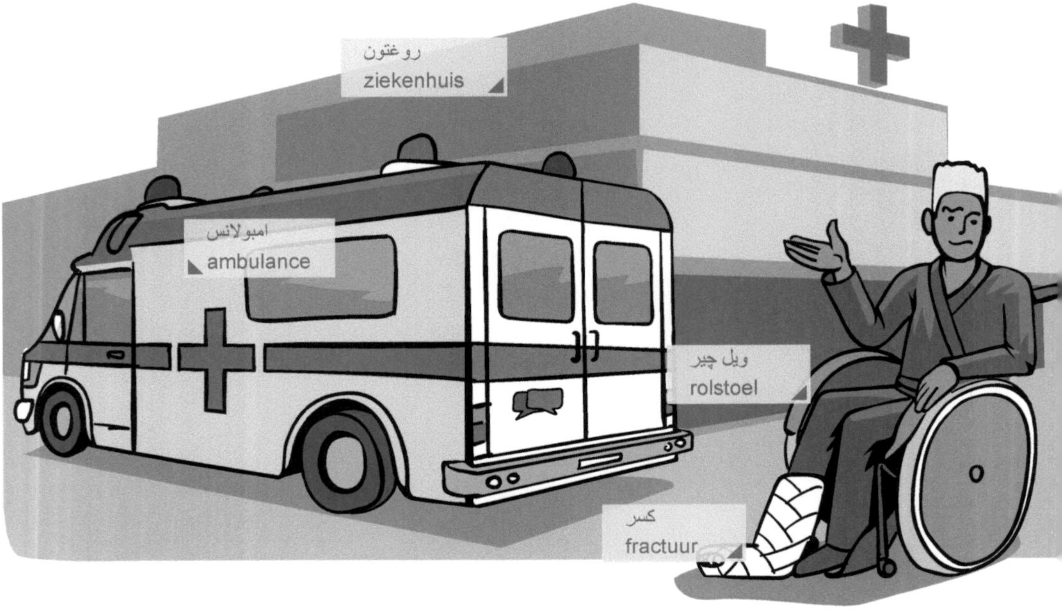

روغتون

ziekenhuis

امبولانس
ambulance
ویل چیر
rolstoel
کسر
fractuur

داکټر

dokter

عاجل خونه

EHBO

رنځورپال

verpleegster

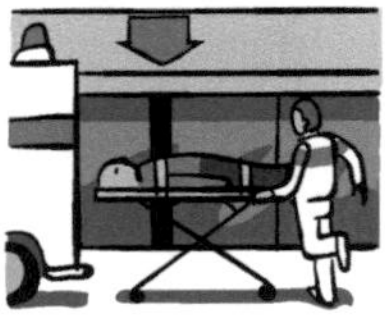

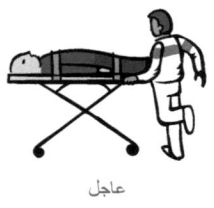

عاجل

noodgeval

بې هوش

bewusteloos

درد

pijn

ټپ

verwonding

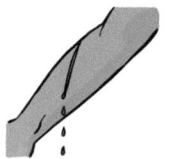

وینه تویدل

bloeding

د زړه حمله

hartaanval

ضرب

beroerte

حساسیت

allergie

ټوخی

hoest

تبه

koorts

انفلوینزا

griep

نس ناستی

diarree

سر درد

hoofdpijn

سرطان

kanker

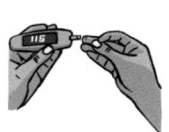

شکر

diabetes

جراح

chirurg

سکالپل

scalpel

عملیات

operatie

سي.ټي

CT

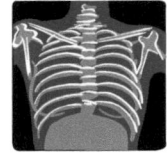

ایکس ری

röntgen

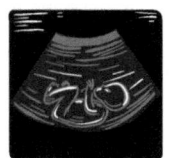

الټراساوند

echografie

د مخ ماسک

gezichtsmasker

ناروغي

ziekte

انتظار خونه

wachtkamer

امسا

kruk

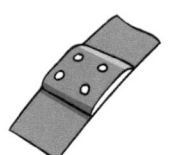

پلستر

pleister

بنداژ

verband

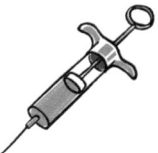

تزریق

injectie

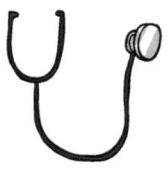

ستاتسکوپ

stethoscoop

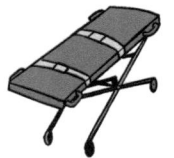

تسکیره

brancard

کلینکي ترماميټر

thermometer

زيږون

geboorte

زیات وزن

overgewicht

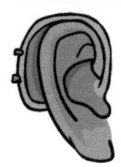

د اوریدو مرسته
....
gehoorapparaat

د عفونیت څخه پاکونکي مواد
....
ontsmettingsmiddel

عفونیت
....
infectie

ویروس
....
virus

ایچ.آی.وی/ایډز
....
HIV / AIDS

درمل
....
medicijn

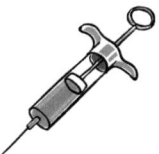

واکسین
....
inenting

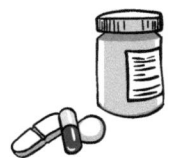

ټابلیټس
....
tabletten

ګولی
....
pil

عاجل تلیفون
....
alarmnummer

د ویني د فشار څارونکی
....
bloeddrukmeter

ناروغ/روغ
....
ziek / gezond

عاجل

noodgeval

مرسته!

Help!

الارم

alarm

يرغل

overval

برید

aanval

خطر

gevaar

عاجل لاره

nooduitgang

اور!

Brand!

د اور وژونکی

brandblusser

پیښه

ongeluk

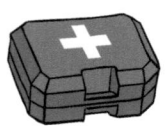

د لومړی مرستي لوازم

EHBO-koffer

ایس.او.ایس

SOS

پولیس

politie

ځمکه
aarde

اروپا

Europa

شمالي امريکا

Noord-Amerika

سهيلي امريکا

Zuid-Amerika

افريقا

Afrika

آسيا

Azië

آسترېليا

Australië

اتلانتيک

Atlantische Oceaan

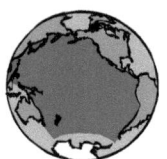

پاسيفيک

Stille Oceaan

د هند بحر

Indische Oceaan

جنوبي منجمد بحر

Zuidelijke Oceaan

د شمال قطب بحر

Noordelijke IJszee

شمالي قطب

Noordpool

سهيلي قطب

Zuidpool

انټارکټيکا

Antarctica

ځمکه

aarde

ځمکه

land

بحر

zee

ټاپو

eiland

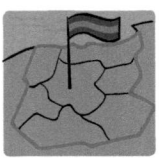

ملت

natie

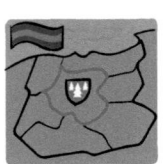

دولت

staat

ساعت

klok

د مخي ساعت

wijzerplaat

د ساعت ستنه

uurwijzer

د دقيقي ستنه

minutenwijzer

د ثانيې ستنه

secondewijzer

څه وخت دی؟

Hoe laat is het?

ورځ

dag

وخت

tijd

اوس

nu

ډيجيټل ساعت

digitaal horloge

دقيقه

minuut

ساعت

uur

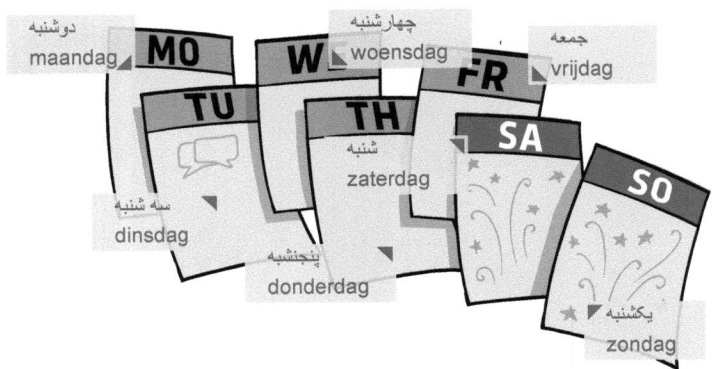

اونۍ

week

دوشنبه
maandag
MO
TU
سه شنبه
dinsdag
W
چهارشنبه
woensdag
TH
پنجشنبه
donderdag
FR
جمعه
vrijdag
SA
شنبه
zaterdag
SO
یکشنبه
zondag

پرون
gisteren

نن
vandaag

سبا
morgen

سهار
ochtend

غرمه
middag

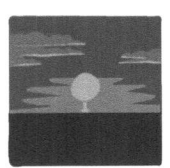

ماښام
avond

کاري ورځې
werkdagen

د اونۍ پای
weekend

كال
jaar

رنګین کمان
regenboog
باران
regen
واوره
sneeuw
باد
wind
پسرلی
voorjaar
منی
herfst
اوری
zomer
ژمی
winter

د موسم وړاندوینه
....
weerbericht

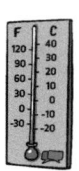

ترمومیټر
....
thermometer

د لمر وړانګې
....
zonneschijn

وريځ
....
wolk

لړه
....
mist

رطوبت
....
luchtvochtigheid

رڼا

bliksem

تندر

donder

توفان

storm

ږلی وریدل

hagel

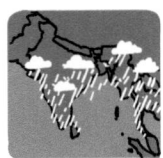

مون سون باران

moesson

سیلاب

overstroming

یخ

ijs

جنوري

januari

فبروري

februari

مارچ

maart

اپرېل

april

مئ

mei

جون

juni

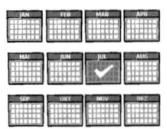

جولای

juli

اګست

augustus

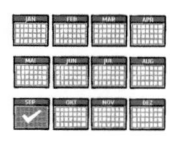

سپتمبر
....
september

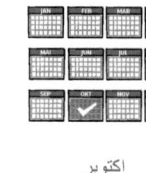

اکتوبر
....
oktober

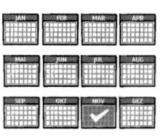

نومبر
....
november

دسمبر
....
december

شکلونه

vormen

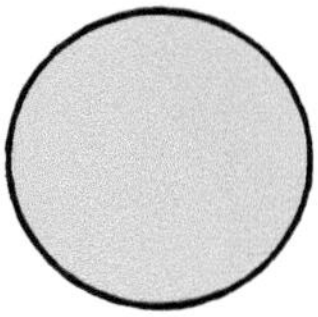

دایره
....
cirkel

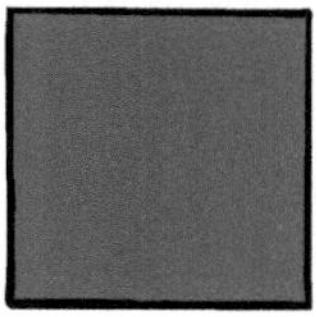

مربع
....
vierkant

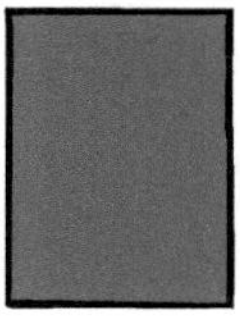

مستطیل
....
rechthoek

مثلث
....
driehoek

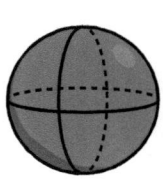

توپ
....
bol

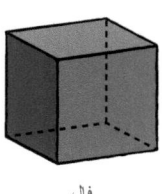

فال
....
kubus

رنگونه

kleuren

سپین

wit

ژیړ

geel

نارنجي

oranje

گلابي

roze

سور

rood

ارغواني

paars

نیلي

blauw

شین

groen

نسواري

bruin

خړ

grijs

تور

zwart

متضاد
tegenstellingen

خورا ډیر/خورا لږ

veel / weinig

قار/ارام

boos / rustig

ښکلی/بدشکله

mooi / lelijk

پیل/پای

begin / einde

لوی/کوچنی

groot / klein

روښانه/تیاره

licht / donker

ورور/خور

broer / zus

پاک/ککړ

schoon / vies

مکمل/نامکمل

volledig / onvolledig

ورځ/شپه

dag/ nacht

مړ/ژوندی

dood / levend

پراخه/نری

breed / smal

د خوراک وړ/نه خوړل کیدونکی

eetbaar / oneetbaar

بد/مهربان

gemeen / aardig

پاریدلی/بي خونده

opgewonden / verveeld

چاق/وچ

dik / dun

لومړی/وروستی

eerste / laatste

ملګری/دښمن

vriend / vijand

ډک/تش

vol / leeg

سخت/نرم

hard / zacht

دروند/سپک

zwaar / licht

لوږه/تنده

honger / dorst

ناروغ/روغ

ziek / gezond

غیرقانوني/قانوني

illegaal / legaal

هوښیار/ساده

intelligent / dom

کیڼ/ښي

links / rechts

نږدې/لرې

dichtbij / ver

نوی/زوړ

....

nieuw / gebruikt

هیڅ/یوڅه

....

niets / iets

بډا/ځوان

....

oud / jong

چالان/بند

....

aan / uit

خلاصه/تړلی

....

open / gesloten

غلی/لوړ غږ

....

zacht / luid

بډایه/غریب

....

rijk / arm

صحیح/غلط

....

goed / fout

زیږ/ملایم

....

ruw / glad

خفه/خوښ

....

verdrietig / gelukkig

لنډ/اوږد

....

kort / lang

سست/ګړندی

....

langzaam / snel

لوند/وچ

....

nat / droog

ګرم/یخ

....

warm / koel

جګړه/سوله

....

oorlog / vrede

getallen

0

صفر

nul

1

یو

één

2

دوه

twee

3

درې

drie

4

څلور

vier

5

پنځه

vijf

6

شپږ

zes

7

اوه

zeven

8

اته

acht

9

نهه

negen

10

لس

tien

11

یولس

elf

12

دولس
....
twaalf

13

ديارلس
....
dertien

14

څوارلس
....
veertien

15

پنځلس
....
vijftien

16

شپاړس
....
zestien

17

وولس
....
zeventien

18

اتلس
....
achttien

19

نولس
....
negentien

20

شل
....
twintig

100

سل
....
honderd

1.000

زر
....
duizend

1.000.000

ميليون
....
miljoen

ژبې

talen

انګلسي

Engels

امریکایی انګلسي

Amerikaans Engels

چینایی مندرین

Chinees Mandarijn

هندي

Hindi

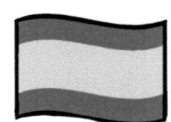

هسپانوي

Spaans

فرانسوي

Frans

عربي

Arabisch

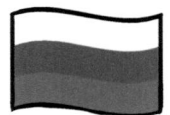

روسي

Russisch

پرتګالي

Portugees

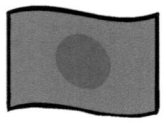

بنګالي

Bengalees

آلماني

Duits

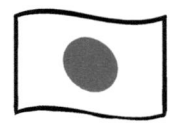

جاپاني

Japans

زه

ik

ته

jij

هغه/دغه/دا

hij / zij / het

موږ

wij

تاسي

jullie

دوی/هغوی

zij

څوک؟

wie?

څه؟

wat?

څنګه؟

hoe?

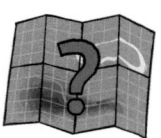

چیري؟

waar?

کله؟

wanneer?

نوم

naam

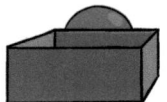

چیرې
waar

شاته

achter

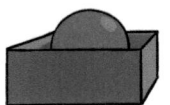

په

in

په مخه کي

voor

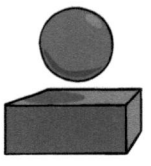

باندي

boven

په

op

لاندي

onder

برسيره پر

naast

ترمينځ

tussen

ځای

plaats